UNE PAGE GLORIEUSE

DU

LIVRE D'OR

DE

MOSTAGANEM

ANNÉE 1845

AVEC PRÉFACE ET ÉPILOGUE

PAR

L.-E. COURSERANT

DE MOSTAGANEM

Notaire Honoraire

PREMIER SUPPLÉANT DU JUGE DE PAIX. — MEMBRE DE L'ASSISTANCE JUDICIAIRE
MEMBRE DU BUREAU DE BIENFAISANCE. — ADMINISTRATEUR DE LA CAISSE D'ÉPARGNE
MEMBRE DE LA SOCIÉTÉ D'ASTRONOMIE
AUTEUR DE LA BROCHURE INTITULÉE :

LE COMBAT DE SIDI-BRAHIM

MOSTAGANEM
IMPRIMERIE DE L'ASSOCIATION OUVRIÈRE
EUGÈNE PRIM, SUCCESSEUR

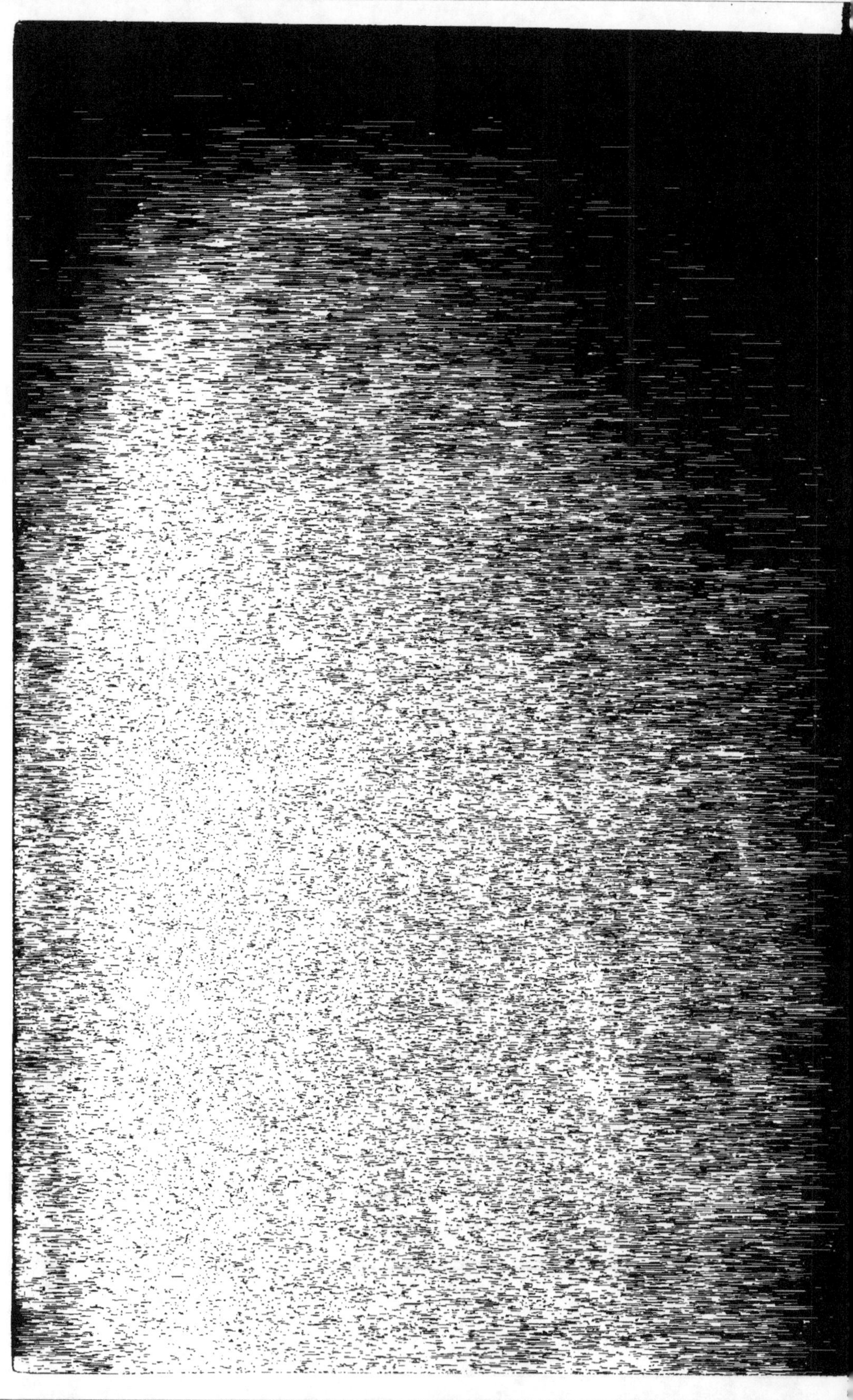

UNE PAGE GLORIEUSE

DU

LIVRE D'OR

DE

MOSTAGANEM

ANNÉE 1845

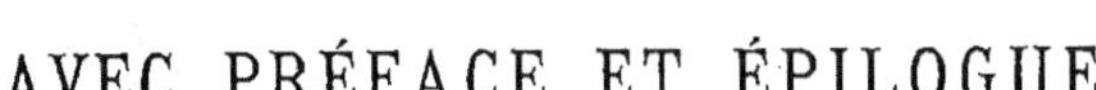

AVEC PRÉFACE ET ÉPILOGUE

PAR

L.-E. COURSERANT

DE MOSTAGANEM

Notaire Honoraire

PREMIER SUPPLÉANT DU JUGE DE PAIX. — MEMBRE DE L'ASSISTANCE JUDICIAIRE
MEMBRE DU BUREAU DE BIENFAISANCE. — ADMINISTRATEUR DE LA CAISSE D'ÉPARGNE
MEMBRE DE LA SOCIÉTÉ D'ASTRONOMIE

AUTEUR DE LA BROCHURE INTITULÉE :

LE COMBAT DE SIDI-BRAHIM

MOSTAGANEM

IMPRIMERIE DE L'ASSOCIATION OUVRIÈRE

EUGÈNE PRIM, SUCCESSEUR

—

TOUS DROITS RÉSERVÉS

—

AVRIL 1892

AVANT-PROPOS

A Monsieur L.-E. COURSERANT, notaire honoraire à Mostaganem,

Auteur de la brochure sur le combat de **Sidi-Brahim.**

Cher Monsieur Courserant,

Permettez-moi de vous dire que je ne m'explique pas vos hésitations.

« Faut-il, me demandez-vous, livrer à la « publicité ma nouvelle brochure ayant pour « titre : *une page glorieuse du Livre d'Or de* « *Mostaganem ?* »

Je m'empresse de vous répondre ceci :

Quand on écrit comme vous le faites, on ne prend conseil que de son cœur et l'on va de l'avant.

Clio, la Muse qui préside à l'histoire, vous a pris sous son aile protectrice, et elle vous inspire de son souffle le plus ardent, le plus patriotique.

Profitez-donc de ses faveurs et lancez au plus tôt votre nouvelle brochure, car c'est l'œuvre d'un écrivain consciencieux, d'un bon citoyen et d'un homme qui fait passer avant tout l'amour de son pays.

Tous ceux qui la liront voudront la relire, et les pères de famille tiendront à la conserver précieusement pour leurs enfants.

Croyez-en ma franchise et soyez convaincu que mon opinion sera celle de tout le monde.

Bien sincèrement à vous.

E. J.

PRÉFACE

A NOS CONCITOYENS

Lorsque nous portons nos regards en arrière, ce n'est pas sans éprouver une certaine émotion que nous considérons le chemin parcouru, depuis la publication de notre petite brochure sur le combat de SIDI-BRAHIM.

Un fait d'armes inouï… l'un des plus admirables et des plus émouvants de nos annales militaires, était à peu près ignoré en France…

Et voilà qu'aujourd'hui, — grâce à une propagande active et persistante, — non seulement plusieurs régions de la Métropole connaissent ce merveilleux combat, mais elles nous envoient leurs offrandes pour concourir à l'érection du Monument qui doit en perpétuer l'immortel souvenir.

Oran, la capitale de la province, recevra ainsi la récompense de son patriotisme.

Ce n'est pas tout.

Dans la préface de cet opuscule, nous préconisions la défense des côtes Algériennes, en vue d'une attaque inopinée de la part de nos ennemis…

Et voilà que le Ministre de la marine, le digne fils d'un général Africain, et l'un des plus célèbres, vient d'ordonner qu'une flotille de torpilleurs sera chargée de protéger nos côtes depuis Gabès jusqu'au Maroc.

C'est là un pas immense fait par le Gouvernement dans l'intérêt de l'Algérie, et il ne nous reste plus qu'à prier nos représentants de veiller avec soin, à ce que ce projet soit suivi d'une prompte exécution.

Nous préconisions encore l'expansion de la France sur la terre d'Afrique, et la création d'une ligne ferrée reliant l'Algérie à Tombouctou, et Tombouctou à St-Louis-du-

Sénégal, afin de préparer dès à présent le vaste empire colonial qui doit nous assurer plus tard la puissance, la gloire et la richesse...

Ce n'était qu'un beau rêve alors, une séduisante utopie si on le préfère...

Et voilà que maintenant des explorateurs hardis parcourent dans tous les sens le continent mystérieux...

Et voilà qu'on parle aujourd'hui d'étendre notre protectorat jusqu'au lac Tchad, et de prolonger notre ligne d'occupation jusqu'au Congo.

Combien nous sommes dépassé, nous qui avions la crainte de montrer trop de hardiesse, et d'aller trop loin dans nos conceptions !...

Certes, nous n'avons pas l'orgueilleuse prétention de croire que notre modeste brochure ait été pour quoique ce soit dans cette marche en avant de l'opinion publique... mais nous sommes fier de nous être trouvé en communion d'idées avec les hommes éminents qui se sont occupés de ces questions transcendantes, dont dépend peut-être la grandeur de la Mère-Patrie...

Aussi, avons-nous éprouvé un bien vif sentiment de satisfaction, lorsque nous avons vu l'un d'eux, dont l'opinion fait autorité, aller jusqu'à écrire, peu de temps après nous :

> « que tous les esprits sensés, tous ceux qui voient
> « un peu au loin, savent que la France n'a de
> « sérieux avenir d'expansion que dans la partie
> « Nord-Occidentale d'Afrique. »..............

. . . .

Depuis, cette idée féconde a fait de grands progrès, et sa réalisation appartient désormais aux plus osés et aux plus intrépides.................................

. . . .

* *

Aujourd'hui, nous reprenons la plume, non pour revenir sur un sujet aussi grandiose, aussi palpitant d'intérêt, mais *pour nous occuper exclusivement de Mostaganem, « LA PERLE DE LA MINA ET DU CHÉLIFF, » ainsi que nous l'appelons dans le cours de notre récit.*

Nous avons pensé qu'au moment où cette ville se prépare à célébrer la fête du travail et du progrès, il incombait à l'un de ses plus anciens habitants, — et en même temps, l'un de ses plus zélés défenseurs, — de soulever un coin du voile qui couvre le passé et de le mettre en pleine lumière, afin que chacun puisse voir et comparer.

En lisant ce qu'étaient autrefois Mostaganem et ses environs, et en contemplant ce qu'ils sont de nos jours, les Étrangers, qui nous feront l'honneur de devenir nos hôtes, ne pourront s'empêcher de reconnaître que la France a eu raison d'arracher à la barbarie cette belle contrée, pour la confier à la puissante main de la civilisation !....

Pour rendre ce tableau plus saisissant, nous avons choisi une période lointaine, qui eut une durée de plusieurs mois, et dans laquelle se trouve englobé un fait historique, dont les détails n'existent nulle part, et qui pourtant constitue un souvenir bien précieux pour les anciens et les jeunes de la cité.

Nous voulons parler de L'ATTAQUE *de Mostaganem par le Grand Agitateur qui eut pour nom : Mohamed ben Abdallah, et que l'histoire ne désigne plus que sous celui de* BOU-MAZA.

Aux anciens, il rappellera leur jeunesse laborieuse et cette vie de luttes, de dangers et de gloire des débuts de la conquête...

Aux jeunes, il montrera des exemples sublimes à imiter, et il leur apprendra surtout à ne regarder qu'avec admiration et respect les hommes vaillants, TANT MILITAIRES QUE CIVILS, *qui leur ont préparé une Algérie pacifiée, fertilisée et riche, telle en un mot qu'elle se présente aujourd'hui.*

Quant aux Étrangers, il leur parlera avec l'éloquence qu'ont les faits accomplis.

Il leur racontera l'héroïsme et l'abnégation de nos soldats et la courageuse persévérance de nos colons.

Il leur dira enfin que les uns et les autres ont été les

infatigables pionniers de la colonisation algérienne, et qu'ils ont bien mérité de la patrie ! ...

Et, nous en sommes certain, on entendra sortir de leurs bouches émues et convaincues, cette déclaration qui fera notre orgueil et sera notre plus glorieuse récompense :

« Frères de la nouvelle France, *vous êtes dignes de nous !* »

. . . .

Après avoir relaté les divers incidents qui ont précédé et suivi l'attaque de Mostaganem par BOU-MAZA, *notre brochure se termine par un chaleureux appel que nous adressons à nos concitoyens pour qu'ils élèvent, dans le nouveau champ du repos, un mausolée durable aux braves qui sont morts pour la défense de leurs foyers.*

Nous sommes d'autant plus à notre aise pour solliciter cette faveur, que, par une circulaire toute récente, M. le Ministre de l'Intérieur vient de prescrire à tous les Préfets des départements : « D'APPELER LA SOLLICITUDE DES ASSEM-« BLÉES MUNICIPALES SUR LES TOMBES MILITAIRES, DONT LE « DROIT D'ENTRETIEN LEUR EST EXCLUSIVEMENT RÉSERVÉ. »

Mais qu'est-il besoin d'invoquer de pareilles recommandations ? ....

Est-ce qu'il ne suffit pas de cet appel aux sentiments élevés d'une population, qui, dans toutes les circonstances, a donné des gages de son patriotisme ? ...

Et puis, enfin, est-ce qu'un pays ne s'honore pas toujours en honorant lui-même la mémoire de ceux qui lui ont généreusement fait le sacrifice de leur vie ! ! ! ...

. . . .

*
* *

Nous allions clôre cette préface qui, selon nous, nécessiterait encore de longs développements, lorsque nous nous sommes aperçu qu'à notre tour nous étions sur le point de commettre une omission qui ressemblerait assez bien à de l'ingratitude.

En effet, en relisant ce petit ouvrage, dédié à notre

ville D'ADOPTION, *à celle qui a remplacé notre ville natale, et que nous voudrions voir de plus en plus belle, de plus en plus prospère, — l'idée nous est venue que de tous les Gouverneurs généraux de l'Algérie,* UN SEUL, *nous répétons le mot,* UN SEUL, *s'était occupé de nous.*

C'est le brave maréchal Bugeaud, à la fois grand général et agronome très renommé... Le chef inspiré qui prit pour devise : ENSE ET ARATRO !....

Il est à présumer que s'il n'avait pas favorisé d'une manière toute spéciale les débuts de notre ville, et veillé sur elle pendant toute la durée de son commandement, elle serait demeurée sans importance, comme l'ont fait beaucoup d'autres, également placées sur le bord de la mer.

Eh bien ! ne serait-il pas rationnel et équitable de reconnaître ses bienfaits, en faisant dresser son buste sur l'une de nos places publiques ?...

Ne serait-ce pas là un acte de tardive justice, et la réparation légitime d'un oubli regrettable ?

Sans nul doute, car celui, qui a tant fait pour la conquête et la pacification de ce pays, a bien mérité cet honneur.

Alger, depuis longtemps, lui a payé sa dette de reconnaissance, en faisant ériger sa statue sur la place d'Isly... Mostaganem, plus modeste, se contenterait d'un buste, qui n'en témoignerait pas moins toute sa gratitude.........

Nous avons l'espoir que nos concitoyens accueilleront favorablement notre double demande ; et, dans cette ferme confiance, nous les prions d'agréer nos meilleurs souhaits pour la réussite complète de leur Concours Général........

. . . .

L.-E. COURSERANT.

Mostaganem, Avril 1892

ANNÉE 1845

INSURRECTION FORMIDABLE

BOU-MAZA

COMBAT DE TIFOUR

ATTAQUE DE MOSTAGANEM

COMBAT DE LA ZAOUIA

FUNÉRAILLES DES HÉROS

ÉPILOGUE

Ense et aratro

Maréchal Bugeaud

Nous sommes au mois de septembre de l'année 1845, trois mois après l'affaire des grottes du Dahra.

Ce fait de guerre, accompli par le colonel d'état-major, Pélissier, — qui devint plus tard maréchal de France et duc de Malakoff, — avait eu pour conséquence la destruction presque totale des Ouled-Riah.

Il avait, en outre, frappé d'une épouvante indicible les populations indigènes, en détruisant pour toujours le prestige superstitieux qui s'attachait à ces grottes, que jamais les Turcs n'avaient osé attaquer, même à l'époque de leur toute-puissance.

Mais, par contre, il avait soulevé contre nous une haine implacable, dont les effets ne devaient pas tarder à se faire cruellement sentir.

A la suite de cet événement terrible, rendu inévitable, il est vrai, par l'obstination farouche d'un ennemi qui tirait sur nos parlementaires, et qui ne voulait ni combattre ni se soumettre, des agitateurs nombreux, poussés par le désir de la vengeance, avaient parcouru les tribus, les excitant à une révolte générale.

Leurs efforts avaient été couronnés d'un plein succès.

De Cherchell aux frontières du Maroc, de l'Atlas au Désert, tous les hommes étaient prêts à marcher au combat. — C'était un feu qui couvait sous la cendre et qui n'attendait qu'une étincelle pour allumer un immense incendie...

Cette étincelle fut l'annonce du départ pour France du maréchal Bugeaud ....

Le Gouverneur général s'était embarqué à Alger, le 4 septembre, et dix jours après son départ, une insurrection formidable éclatait à la fois aux environs de Cherchell, dans le Dahra, dans l'Ouarensenis et dans les tribus guerrières des Flittas.

D'un autre côté, l'émir Abdelkader reparaissait avec ses contingents et menaçait nos frontières du Maroc.

Le péril était grand et il fallait le conjurer au plus vite, sous peine de voir l'insurrection gagner l'Algérie tout entière.

A la tête des Flittas, et les animant par ses discours, on distinguait un jeune homme de 22 à 24 ans, au visage intelligent, énergique et fier, qu'on posait déjà en compétiteur d'Abdelkader.

Ce grand Agitateur se nommait Mohamed ben Abdallah, mais les arabes lui avaient donné le surnom de *Bou-Maza*, c'est-à-dire *l'homme à la chèvre*, et il n'était généralement connu que sous cette dénomination.

Nous verrons bientôt pourquoi.

.

Avant d'aborder le récit qui fait l'objet de ce petit ouvrage, il nous semble, en effet, rationnel de faire connaître ce personnage nouveau, qui apparaissait tout à coup sur la scène, et dont l'histoire se trouve *intimément liée à celle de Mostaganem,* par un trait d'audace, à peu près oublié, mais qui eut à l'époque un grand retentissement.

Hâtons-nous de le dire : Bou-Maza était un homme vraiment remarquable, et l'on commettrait une grave erreur historique, si on le considérait aujourd'hui comme un chef de bandes sans influence et sans portée.

Celui qui eut le talent, et le pouvoir, de grouper autour de lui tant de tribus jalouses les unes des autres et de leur donner une si forte cohésion ; — celui qui put lutter pendant plusieurs mois contre nos colonnes expéditionnaires avec des alternatives de succès et de revers ; — celui, enfin, qui sut obliger le maréchal Bugeaud à se remettre en campagne, et à guerroyer péniblement dans des pays presqu'inaccessibles, — celui-là, disons-nous, n'était pas un chef à dédaigner, mais bien un adversaire d'une valeur réelle, et avec lequel il allait falloir compter.

Du reste, nous le verrons à l'œuvre et nous le jugerons.

Parti du Maroc, sous le patronage du seigneur Mouley-Tayeb, un des saints les plus anciens et les plus considérés de ce pays, il s'était rendu directement chez les Ouled-Younès.

C'est là qu'il fit sa révélation en homme véritablement inspiré, et parfaitement convaincu qu'*Allah* lui réservait l'extermination des Chrétiens maudits.

Ses prédications ardentes, ses prières, ses extases, lui valurent bien vite une réputation extraordinaire. — Dans toutes les tribus, proches ou éloignées, on ne s'entretenait que de lui, et chacun à l'envi vantait sa jeunesse, son courage, son énergie, sa générosité : on lui attribuait, en un mot, toutes les qualités qui sont l'apanage de ceux qui savent combattre et mourir pour l'indépendance de leur pays . . . .

Aussi, eut-il bientôt autour de sa personne des fanatiques, des illuminés qui ne demandaient qu'à courir sus aux Chrétiens, sous les ordres de ce chef vénéré, qui représentait pour eux :

« Le *Chérif*, l'*Envoyé* de Dieu, *Celui* qui devait venir « au moment indiqué par les prophéties : le *Maître de* « *l'heure !* » . . . .

De son côté, Bou-Maza ne négligeait rien pour accréditer cette croyance et frapper vivement l'imagination de ces natures primitives.

Ainsi, il avait pris l'habitude de se faire suivre d'une petite chèvre blanche, qu'il était, pour ainsi dire, parvenu à diviniser.

Il débitait en public que cette chèvre était un présent du Prophète ; et, connaissant l'empire de la superstition sur les Arabes, il leur faisait accroire que cet animal lui révélait les choses les plus cachées.

Etait-il informé par quelque avis secret qu'une tribu était disposée à nous abandonner et à se joindre à lui ? — Il feignait d'en avoir été averti par sa chèvre, pendant son sommeil, et d'avoir reçu l'ordre de tenir ses troupes prêtes, pour, le cas échéant, voler au secours de cette tribu.

Apprenait-il qu'un de ses lieutenants avait obtenu un léger avantage ? — Il défendait au courrier de se montrer pour le moment, faisait paraître aussitôt sa chèvre couronnée de feuillage, et annonçait hardiment qu'il recevrait bientôt une heureuse nouvelle.

D'autres fois, au milieu de nombreuses réunions, il ordonnait tout-à-coup à certains de ses guerriers de faire feu sur lui, et comme les balles ne l'atteignaient pas, et *pour cause,* il affirmait aux témoins de ce prétendu miracle que c'était sa chèvre qui le rendait invulnérable.

Au moyen de ces artifices, et de quelques tours ingénieux qu'il faisait exécuter à sa chèvre, les Arabes, naturellement naïfs et crédules, étaient émerveillés et croyaient fermement que leur jeune Chérif était doué d'une puissance surnaturelle.

Pleins de respect et de vénération pour lui, ils s'en allaient dans toutes les tribus prêchant la guerre sainte, et répétant en tous lieux :

« Que Bou-Maza était bien l'homme choisi par le Pro-
« phète ; — que sa personne était sacrée ; — que les balles
« ne pouvaient rien contre son corps, et que c'était à lui
« qu'était réservée la gloire de vaincre les Chrétiens et de
« les jeter à la mer ! »

Tel était l'agitateur habile, entreprenant et audacieux qui, dans l'espace de trois mois, avait préparé la plus redoutable insurrection qui eût éclaté jusqu'alors, et dont l'influence incontestée s'étendait déjà, non seulement dans le Dahra et l'Ouarensenis, mais bien au loin, dans l'Est et les contrées du Sud.

De tous côtés, en effet, lui étaient arrivés des émissaires envoyés par des chefs puissants de l'intérieur, et chargés par eux de lui dire d'engager résolument la lutte, et qu'ils seraient à ses côtés au moment de l'action.

C'était contre cet adversaire qu'allait se heurter, avant toutes les autres, la colonne expéditionnaire de Mostaganem.

Nous avons vu que Bou-Maza, dix jours après le départ pour France du maréchal Bugeaud, s'était mis à la tête des Flittas en armes, et avait donné le signal de la révolte.

Toutes les tribus de la contrée avaient répondu à ce signal et se préparaient à nous attaquer de tous les côtés à la fois.

Déjà, dans son impatience, Bou-Maza songeait à marcher sur Mostaganem, car il avait promis à ses guerriers qu'ils diraient avant peu leurs prières dans la grande Mosquée de cette ville : « Les Chrétiens la souillent en ce moment, leur « disait-il dans son langage figuré, mais nous les chasserons « devant nous comme le *simoun* chasse les tourbillons de « poussière dans le désert, et nous les anéantirons jusqu'au « dernier ! »

. . . .

Malheureusement pour lui, il comptait sans la vigilance de nos chefs de colonnes.

Le général de Bourjolly commandait alors la subdivision de Mostaganem.

A peine eut-il connaissance de ce soulèvement, qu'il partit avec sa colonne d'expédition, dans laquelle figuraient la plus grande partie du 9me bataillon des Chasseurs d'Orléans et deux escadrons du 4e Chasseurs d'Afrique.

Au moyen d'une marche rapide, qu'il pouvait exécuter avec des troupes aussi solides que celles qu'il avait sous ses ordres, il arrivait le 18 septembre au centre même de l'insurrection.

Le lendemain, 19, un premier engagement fut tenté et le général de Bourjolly, attaqué avec une violence inouïe par des masses de plus en plus nombreuses, se vit obligé de reculer pour éviter des pertes inutiles.

Les Flittas, au contraire, qui venaient de faire jonction avec les Beni-Ouragh, se mirent à le poursuivre et à le harceler sans relâche.

Ils devinrent si pressants, et même si audacieux, que, pour se dégager, le général de Bourjolly se décida à leur livrer un nouveau combat.

Il eut lieu le 22 septembre, près du défilé de Tifour, et il ne fut pas heureux pour nos armes : nous eûmes environ trente morts et cent hommes blessés.

Au nombre des premiers, se trouvait le lieutenant-colonel Berthier du 4e Chasseurs d'Afrique, frappé en plein cœur, et parmi les seconds, le commandant Clère, du 9ᵉ Chasseurs d'Orléans, mortellement atteint.

Dans cette affaire, les Arabes, fanatisés par Bou-Maza, montrèrent une grande bravoure.

Au lieu de fuir, selon leur habitude, devant notre cavalerie lancée pour la charge, ils l'attendirent de pied ferme, ouvrirent leurs rangs pour lui livrer passage, se refermèrent sur elle et engagèrent hardiment une lutte corps à corps.

Il fallut l'intervention énergique de l'infanterie pour sortir nos cavaliers de ce mauvais pas.

Ce secours ne leur fit pas défaut.

Le 9ᵉ bataillon des Chasseurs d'Orléans, notamment, se couvrit de gloire dans cette circonstance, et mérita une mention toute spéciale.

Sa brillante conduite fut donnée comme exemple, et elle fit pendant des mois le sujet de tous les entretiens, dans les villes comme dans les camps.

Et plus tard, en 1850, lorsque cet intrépide bataillon dut rentrer en France, l'ordre de la Division d'Oran lui rappela ce beau fait d'armes dans les termes suivants :

« Parmi vous, officiers, sous-officiers et soldats du 9ᵉ
« bataillon de Chasseurs, il en est qui se souviennent de
« l'arrière-garde de Tifour, et de ce moment solennel où
« votre commandant Clère, blessé à mort, soutenait d'un
« air si calme les efforts d'un ennemi *15 fois supérieur*
« *en nombre*, et où le sang généreux du colonel Berthier
« et des Chasseurs du *4ᵉ* régiment d'Afrique se mêlait
« héroïquement au vôtre.

« De pareilles scènes méritent de vivre toujours dans
« la mémoire des gens de cœur et engagent glorieusement
« l'avenir du bataillon. »

. . . .

Malgré la vaillance de nos soldats, malgré l'énergie de

leurs chefs, on finit par reconnaître qu'il était impossible de lutter contre des masses de plus en plus considérables.

Aussi le général de Bourjolly se décida-t-il à appeler à son aide les subdivisions de Mascara et d'Orléansville, mais telle était la force de l'insurrection que les colonels Géry, qui commandait la 1re, et Saint-Arnaud qui commandait la seconde, arrêtés à chaque pas dans leur marche en avant, essayèrent en vain d'arriver jusqu'à lui.

Alors le général de Bourjolly dut songer à battre en retraite. — Il le fit en bon ordre, sans se laisser entamer et tenant toujours à distance cette multitude d'ennemis, qui, aussi nombreux que des essaims de guêpes, cherchaient à le déborder. — Il put gagner ainsi sur les bords de la Mina, et non loin de l'endroit où devait s'élever plusieurs années après la ville de Relizane, une forte position défensive qui lui permit d'attendre les évènements.

D'ailleurs, à la première nouvelle de cet insuccès, le général de Lamoricière, qui, depuis le départ du maréchal Bugeaud, remplissait par intérim les fonctions de Gouverneur général, avait fait partir deux bataillons du 6me Léger sur deux bateaux à vapeur, qui remorquaient chacun un navire de commerce, chargé de vivres et de provisions de de guerre à la destination de Mostaganem.

* *
*

Pendant que ces faits s'accomplissaient dans notre subdivision, — et par une coïncidence inexplicable, mais qui éveille une foule d'idées dans l'esprit du penseur, — avait lieu le plus cruel évènement qui eut jusqu'alors signalé nos guerres africaines.

Ainsi, à 24 heures d'intervalle, et peut-être à la même heure où dans la plaine de la Mina, près du défilé de Tifour, succombaient vaillamment le lieutenant-colonel Berthier, du 4e Chasseurs d'Afrique, ainsi que le commandant Clère, du 9e bataillon des Chasseurs d'Orléans, tombaient près de nos frontières du Maroc, non moins glorieusement, mais

d'une manière plus dramatique encore, le lieutenant-
colonel de Montagnac, du 15e Léger, le commandant
Froment-Coste et le capitaine Dutertre, du 8e bataillon
dés Chasseurs d'Orléans, et tant d'autres braves officiers,
sous-officiers et soldats qui, par leur trépas héroïque, ont
rendu à jamais immortel le grand nom de *Sidi-Brahim!*

, ...

. . . .

La nouvelle de ce double échec, et, peu de jours après,
celle que le lieutenant Marin, avait mis bas les armes sans
combattre, à la tête de 200 hommes, répandues avec la
rapidité de l'éclair, portèrent à son comble l'exaltation des
Arabes qui ne doutaient plus du triomphe final, et enton-
naient déjà leurs chants de victoire....

Ils ne disaient pas que les 200 hommes du lieutenant
Marin sortaient des hôpitaux, et que faute de troupes
disponibles, ils avaient été pris parmi ceux que leur faible
santé ne permettait pas d'utiliser dans les colonnes expéditionnaires.

Au contraire, ils proclamaient partout « qu'*Allah* s'était
« déclaré contre nous, et qu'il avait affaibli le courage et
« paralysé les bras de nos guerriers, pour récompenser la
« fidélité et le dévouement de ses vrais serviteurs ! »

. . . .

. . . .

Quoi qu'il en soit, la situation générale était des plus
graves. — Jamais peut-être, depuis la conquête, il n'y
avait eu un tel ensemble dans le mouvement insurrectionnel ;
jamais non plus un tel acharnement dans la lutte.

« C'était une révolte qui semblait avoir remis en question
« tous les résultats de nos guerres précédentes, et que
« chacun, en France, s'attendait à voir grandir sur une
« immense échelle. »

. . . .

. . . .

En présence des nouvelles fàcheuses qui lui arrivaient de toutes parts, le général de Lamoricière écrivit aussitôt au maréchal Bugeaud pour lui rendre compte de la gravité des évènements et le prier de hâter son retour. — Puis, sans perdre de temps, il se transporta sur le point qui lu[i] paraissait le plus menacé, c'est-à-dire sur nos frontières du Maroc, où l'Emir Abdelkader, après la sanglante affaire de *Sidi-Brahim*, avait fait soulever toutes les tribus comprises dans le pâté de montagnes, qui occupe l'espace compris entre Lalla-Marnia, Nemours et l'embouchure de la Tafna.

A ce moment, les Flittas formaient donc le centre du mouvement insurrectionnel dont Abdelkader d'une part, et Bou-Maza de l'autre, commandaient les deux pôles.

. . . .

. . . .

Il n'entre pas dans notre cadre de suivre nos diverses colonnes dans leurs opérations et de décrire les péripéties si pleines d'intérêt de cette lutte, longue, pénible, hérissée de difficultés, et dont pouvaient seules triompher toute l'activité, toute l'expérience du maréchal Bugeaud, et toute la persévérance, toute l'abnégation de notre admirable armée.

Nous nous sommes imposé un rôle plus modeste, et nous nous bornerons, quant à présent, à nous occuper de la colonne du général Bourjolly qui, pendant les périodes de paix, composait seule la garnison de notre ville

*
* *

Nous avons laissé le général de Bourjolly dans la forte position qu'il avait prise sur les bords de la Mina.

Il y avait été rejoint par les 2 bataillons du 6me léger que lui avait envoyés le général Lamoricière; et, désormais, assuré qu'il était en mesure de faire face à toutes les attaques dont il pourrait être l'objet, il attendait que de nouveaux renforts lui permissent de combiner ses mouvements avec ceux des colonels Géry et Saint-Arnaud.

Sans doute, il n'attendrait pas longtemps, car on annonçait dans tous les postes, le prochain retour du maréchal Bugeaud, et tel était le prestige de ce nom, que cette nouvelle maintenait partout le moral de nos soldats.

Mais le général Bourjolly n'avait pas perdu son temps dans son camp retranché : il avait ravitaillé sa colonne et fait évacuer sur Mostaganem tous les blessés du 22 Septembre, ainsi que le corps du lieutenant-colonel Berthier.

Les obsèques de cet officier supérieur eurent lieu avec la plus grande solennité. — Tous les hommes de la garnison y assistèrent, officiers en tête, et le lieutenant-colonel Mellinet, qui en l'absence du général de Bourjolly, remplissait les fonctions de commandant supérieur, prononça sur sa tombe les paroles émues du dernier adieu.

La population tout entière avait tenu à suivre les funérailles du héros, et en son nom, le Commissaire civil avait rappelé avec beaucoup d'à-propos « que la mort « glorieuse du colonel ajoutait un fleuron de plus à la « couronne déjà si belle du maréchal Berthier, ancien « chef d'État-Major de la Grande Armée et prince de « Wagram. »

Quelques jours après, une cérémonie analogue, et aussi poignante, avait lieu en l'honneur du commandant Clère du 9ᵐᵉ bataillon des Chasseurs d'Orléans, qui avait succombé à l'hôpital militaire des suites de ses blessures.

Ces morts inattendues, arrivées à peu de jours d'intervalle attristèrent profondément la population de Mostaganem, qui ne comptait que des amis dans le 4ᵐᵉ Chasseurs d'Afrique et dans le 9ᵐᵉ bataillon des Chasseurs d'Orléans, mais les évènements se précipitaient avec une telle rapidité qu'on avait peu de temps à donner aux souvenirs douloureux.

Il fallait avant tout songer au salut commun.

.•.

Le combat du 22 Septembre, à la suite duquel le général

de Bourjolly avait été contraint de battre en retraite, avait augmenté l'audace de Bou-Maza, tout en grandissant le prestige dont il jouissait auprès des siens.

Ses cavaliers parcouraient la région dans tous les sens, et poussaient à la révolte les arabes qui ne s'étaient pas encore prononcés.

Ils leur disaient : — « que le jeune Chérif était invincible « et que rien ne pouvait lui résister ; — que bientôt il « se présenterait devant Mostaganem et que son regard « fascinerait ses défenseurs ; — que les portes de la ville « tomberaient devant lui et que tous les *Roumis* seraient « jetés à la mer ! »....

Ces propos étaient accueillis avec le plus vif enthousiasme et les arabes s'attendaient chaque jour à voir Mostaganem livrée au carnage et à la destruction.

. . . .

. . . .

A cette époque, Mostaganem avait la même enceinte qu'aujourd'hui, mais ne ressemblait en rien à la charmante ville de nos jours.

C'était un fouillis de maisons arabes, dans le genre de celles du faubourg de Tigditt, et où l'on ne pénétrait que par des rues très étroites et des portes excessivement basses. — Une seule voie permettait aux Européens de circuler : la rue de la subdivision, à l'extrémité de laquelle on avait construit l'hôtel de la Régence. — On arrivait à cette rue par un passage voûté qui traversait dans toute sa largeur le fort nommé *Bab-el-Djerad*, c'est-à-dire *porte des Sauterelles.*

Ce fort, qui fut démoli peu d'années après, partait de la petite tour qui domine encore l'esplanade donnant sur la mer, et occupait tout l'espace qui, de ce point, s'étend jusqu'au ravin.

Il fermait ainsi le seul endroit accessible de la ville, qui, entourée d'un profond ravin, avait comme aujourd'hui l'aspect d'une presqu'île.

La place du Sig n'était qu'une fondrière, au fond de laquelle coulait l'Aïn-Sefra, et une passerelle en bois assurait seule les communications entre Mostaganem et le quartier de Matemore, qui était exclusivement réservé au baraquement des troupes.

Les berges du ravin, qui assure le parcours des eaux de l'Aïn-Sefra jusqu'à la mer, se développaient en toute liberté.

Le mur de soutènement qui le resserre actuellement, et contribue à former la jolie promenade qui conduit à la Marine, n'existait pas encore. — N'existaient pas non plus les belles maisons qui le bordent du côté de Matemore, et qui donnent à ce côté de la ville un aspect si pittoresque.

La place de la République, si agréable et si coquette, était à peine indiquée. — Le fort Bab-el-Djerad en occupait une grande partie, et le surplus du terrain, sur lequel s'élevaient quelques rares constructions, mais où l'on ne voyait encore ni mairie, ni théâtre, ni église, ni établissements militaires, s'étendait librement jusqu'aux deux portes de Mascara et du camp de cavalerie.

L'avenue du 1er de Ligne, établie depuis peu par les braves soldats de ce régiment, rompait seule la monotonie de ce terrain vague, d'aspect peu séduisant.

. . . .

*
* *

Au dehors, rien pour charmer les yeux.

Point d'arbres, point de champs de culture, point de constructions, point de faubourgs, point de jardin public.

Partout la broussaille, les jujubiers sauvages, les palmiers nains, les lentisques, et, pour varier le paysage, de temps en temps, quelques pieds d'asphodèles.

On trouvait cependant un bois de figuiers derrière la Zaouïa.

Aux environs de Mostaganem, pas d'autre village que

celui de Mazagran, lequel comptait un petit nombre de bicoques adossées contre le fortin, qui, 5 ans auparavant, avait soutenu avec 123 hommes un siège mémorable contre des milliers d'arabes, et où s'élève la colonne qui en consacre le souvenir.

Dans la campagne, rien ; absolument rien ! — Pas le moindre vestige de demeures humaines, si ce n'est de loin en loin des campements arabes et de misérables caravansérails pour abriter les rares voyageurs.

Quant aux 14 villages, qui font aujourd'hui à la ville de Mostaganem une couronne de verdure, ils n'étaient pas encore entrés dans la pensée de nos Gouvernants, et ne devaient être décrétés que 3 années plus tard.

En résumé, Mostaganem n'était qu'une petite place de guerre, défendue par le fort de l'Est et le fort Bab-el-Djerad, son mur d'enceinte et 2 blockauss qui se trouvaient, l'un du côté du Levant, et l'autre du côté du Couchant, à 2 kilomètres environ de ses murailles.

C'étaient des fortifications pas très redoutables, mais plus que suffisantes pour résister aux ennemis de l'intérieur.

Mostaganem devait, nous ne dirons pas son existence, mais son importance relative, au maréchal Bugeaud. — Ce grand homme de guerre, qui ne négligeait rien de ce qui pouvait favoriser ses entreprises, l'avait préférée aux villes de Ténès et d'Arzew pour en faire son point de ravitaillement.

Il estimait qu'elle était dans une position topographique admirable, pour permettre à ses lieutenants d'agir, vite et bien, contre les tribus remuantes et guerrières du Chéliff et de la Mina.

Les résultats, obtenus jusqu'alors, n'avaient fait que le confirmer dans son opinion, et il s'était complu à couvrir de baraques les terrains nus du quartier de Matemore, pour abriter les troupes nombreuses qu'il avait réunies dans cette garnison.

Aussi régnait-il à Mostaganem une activité remarquable.

Une population jeune, vigoureuse, composée de commerçants hardis et de militaires libérés, séduits par la beauté de son climat, s'y était installée sous la protection de nos soldats.

Certains d'entre eux, poussés par le désir du gain, ou l'esprit d'aventure, suivaient les colonnes expéditionnaires avec des approvisionnements de toutes sortes.

Les uns ne revenaient plus, — arrêtés dans leur route par une balle homicide, ou une maladie mortelle, — mais ceux qui pouvaient supporter les fatigues, et échapper aux dangers, jetaient les fondements de fortunes rapides.

Tel était l'aspect que présentait la ville de Mostaganem, en 1845, au moment où le jeune Chérif la menaçait de sa colère.

*
* *

Avec les éléments pleins de sève et d'énergie qui formaient la base de la population, il est facile de comprendre qu'elle se montrât assez insensible aux menaces de Bou-Maza.

Elle continuait tranquillement son labeur quotidien, et lorsqu'arrivaient jusqu'à elle les prédictions terribles, qui annonçaient sa destruction prochaine, elle chansonnait gaiement l'*Envoyé* du Prophète, et avait l'air de s'en soucier comme des neiges d'antan.

Précieuse insouciance gauloise qui nous suit partout où nous portons nos pas ! . . . .

Seulement, le commandant supérieur, qui était à cette époque le lieutenant-colonel d'infanterie Mellinet, homme alerte, actif, et plein de courage, avait pris toutes les précautions militaires que nécessitait la situation.

Les hommes sous ses ordres n'étaient pas très nombreux, mais pour la plupart c'étaient d'anciens soldats qu'on avait laissés en garnison, soit pour instruire les recrues, soit parce qu'ils touchaient à la limite de leur temps de service, et que, pour cette raison, on ne voulait pas exposer au feu de l'ennemi.

On était donc en pleine sécurité.

Cependant, le colonel Mellinet avait fortement recommandé aux habitants de sortir toujours armés, et de ne pas trop s'éloigner des portes de la ville. — Il avait aussi engagé les amateurs de chasse à ne pas dépasser la Vallée-des-Jardins, et à n'aller que par groupes de 5 à 6 au moins, afin de pouvoir se prêter main-forte, dans le cas où ils seraient abordés par les coureurs de Bou-Maza.

Ces recommandations étaient dictées par la sagesse, mais elles n'étaient pas toujours suivies.

Un tout jeune homme, entr'autres, partit seul un matin, à l'ouverture des portes de la ville, et se dirigea en broussaillant jusqu'à la hauteur d'où l'on embrasse la plus grande partie de la Vallée-des-Jardins.

Cette vallée ne méritait pas alors le joli nom qu'elle porte si fièrement de nos jours.

On n'y rencontrait que des champs sans culture remplis de palmiers nains et de jujubiers sauvages, et on n'y découvrait que des cahutes en ruines entièrement privées d'habitants.

Le jeune homme en question avait eu déjà des coups de fusil très heureux, et il pouvait rentrer avec honneur au logis, mais le moyen d'arrêter un chasseur en veine, quand l'abondance du gibier semble l'engager à poursuivre ses exploits !

Entraîné par son ardeur, il commençait par oublier toute prudence et à descendre dans la vallée, lorsqu'en portant ses regards devant lui, il aperçut deux cavaliers arabes qui se livraient à un galop effréné et accouraient à sa rencontre.

Bien qu'ils fussent encore à une certaine distance, il n'y avait pas moyen de fuir, ni de les éviter : la ville était trop loin et nulle cachette n'était en vue.

Il ne restait plus à ce jeune homme qu'à payer d'audace ou à défendre bravement sa vie.

Sa résolution fut bientôt prise.

Il glissa prestement une balle dans chaque canon de son fusil, assujettit les deux pistolets d'arçon qui pendaient à sa ceinture, se retrancha derrière un bouquet de jujubiers pour ne pas être bousculé par les chevaux, et se tint prêt à tout évènement.

Les deux Arabes continuaient leur course.

Quand ils furent arrivés à 50 mètres environ, le jeune homme leur fit signe avec la main d'aller plus doucement et les coucha en joue.

Ceux-ci, comprenant à son air que la réception pourrait être chaude, calmèrent l'ardeur de leurs chevaux et n'avancèrent plus qu'au pas.

Arrivés à quinze mètres plus ou moins, le jeune homme leur cria en arabe :

— Halte ! Que me voulez-vous ?

— De la poudre, répondit l'un d'eux.

— Je n'ai pas de poudre. — Allez-vous-en ou je fais feu.

Cette attitude résolue en imposa aux deux Arabes. — Ils parurent se consulter un instant sur le parti qu'ils devaient prendre, après quoi, ils s'écrièrent en très bon français, et d'un air on ne peut plus moqueur : *Toi ! tu n'es qu'un carottier !...*

Ces paroles dites, ils firent volte-face, piquèrent des deux et s'enfuirent au galop vers l'autre côté de la vallée.

. . . .

Nous avons tenu à raconter cette petite anecdote, qui est exacte dans tous ses détails, pour donner aux hommes de nos jours une idée bien affaiblie de l'existence que l'on menait dans les villes à l'époque de la conquête.

*
* *

A part ce petit incident, qui, promptement répandu, produisit plus d'effet que toutes les recommandations du Commandant supérieur, tout fut calme autour de Mostaganem jusqu'au 15 octobre 1845.

Ce jour-là, il faisait une chaleur torride.

Le soleil, près d'atteindre à son Zénith, lançait des rayons de feu sur les champs desséchés et sur nos côtes arides ; — la nature elle-même semblait appesantie, et tout conviait au repos du milieu du jour, lorsque des cris, plusieurs fois répétés, se firent tout-à-coup entendre : Aux armes ! Aux armes ! Les Arabes sont aux portes de la ville !

Il y eut d'abord comme un saisissement involontaire, ainsi qu'il arrive lorsqu'un tremblement de terre, ou une catastrophe quelconque, se produisent soudain dans le premier sommeil ; mais ce moment de stupeur passé, tout le monde fut bien vite sur pied et rendu sur la place d'Armes.

Chacun interrogeait son voisin du regard et de la voix, et on finit par apprendre que c'étaient les habitants du faubourg de Tigditt qui avaient causé tout cet émoi.

Ces malheureux, pris d'une épouvante insurmontable, s'étaient précipités dans la ville comme des insensés.

« Ils racontaient que des cavaliers arabes, ayant à leur
« tête Bou-Maza, qu'on avait reconnu à son burnous d'une
« éclatante blancheur, avaient subitement paru sur la crête
« de la montagne qui s'étend du fort de l'Est jusqu'au
« Chéliff ; — qu'un groupe de ces cavaliers était descendu
« sur le plateau de Tigditt ; qu'il s'était emparé du troupeau
« de l'Administration militaire, après avoir chassé ou blessé
« les gardiens, et qu'il venait de disparaître derrière la
« montagne, en poussant devant lui son énorme butin. »

Les faits étaient exacts et voici ce qui était arrivé :

Bou-Maza, las de s'agiter dans la plaine sans aucun résultat, conçut une pensée digne d'un homme de guerre accompli.

Il laissa une partie de ses troupes en observation devant la colonne Bourjolly, qu'il savait ne pouvoir forcer dans ses retranchements, et avec l'autre partie il fit une pointe rapide sur Mostaganem, qu'il espérait surprendre.

Rien ne pouvait l'entraver dans sa marche ; aussi parvint-il jusqu'aux approches de notre ville sans que l'éveil de sa présence eût été donné.

Alors, avec une audace inouïe, et sous le canon même du fort de l'Est, il avait opéré sa razzia avec un bonheur égal à son audace, et une promptitude égale à son bonheur.

Pour les Arabes, tout cela tenait du prodige, et plus que jamais le jeune Chérif allait devenir l'idole de ses guerriers.

*
* *

A peine ce hardi coup de main fut-il connu du Commandant supérieur, que toute la ville fut mise en mouvement.

Les sonneries du camp de cavalerie se firent entendre aussitôt ; celles de l'infanterie leur répondirent, et les tambours de la milice parcoururent divers quartiers en battant le rappel.

On voyait les habitants qui faisaient partie de la milice, accourir de tous côtés avec leurs armes et se mettre à la disposition de leurs chefs. — Tous étaient pleins d'entrain et ne demandaient qu'à faire le coup de feu.

La milice algérienne de cette époque n'était pas une force négligeable, tant s'en faut.

Le maréchal Bugeaud, qui tenait à avoir constamment sous la main, toute l'armée active, l'avait organisée de manière à pouvoir lui confier le service de la défense des places, et elle s'en acquittait à merveille sous la direction, bien entendu, de l'autorité militaire.

Celle de Mostaganem se composait de quatre compagnies, dont une de grenadiers et une de voltigeurs.

Elle comptait au moins 300 hommes bien armés, bien commandés, ayant pour la plupart servi dans l'armée d'Afrique et parfaitement disposés à combattre vaillamment.

. . . .

Le Commandant supérieur n'avait pas perdu une minute.

Au premier cri d'alarme, il était monté à cheval, avait donné ses ordres au Commandant de place, et bouillant d'impatience, il était parti avec quelques hommes du 4me Chasseurs d'Afrique pour surveiller les mouvements de l'ennemi et prendre ses dispositions.

Pendant ce temps, les autres cavaliers du camp préparaient leurs chevaux et, au fur et à mesure qu'ils pouvaient se mettre en selle, ils partirent par petits groupes pour rallier le colonel Mellinet qui s'était dirigé du côté de la Zaouïa.

De son côté, l'infanterie baraquée dans le quartier de Matemore se formait en petite colonne et s'apprêtait à partir au plus vite par la porte du fort de l'Est.

Quant à la milice, elle était déjà campée à l'entrée de la ville, prête à occuper les postes qui lui seraient désignés par le commandant de place.

En somme, tout le monde était bien décidé à faire son devoir, et à recevoir Bou-Maza avec les honneurs dûs à un Chérif de date si récente.

*
* *

Toutes les précautions ayant été prises pour repousser l'attaque de Bou-Maza, de quelque côté qu'elle vint à se produire, il ne restait plus qu'à attendre les résultats de la lutte qui devait être engagée déjà, dans les environs de la ville, entre les troupes de ce dernier et la faible colonne que l'on venait de lancer contre lui.

L'objectif était de lui reprendre les bestiaux enlevés, et de lui infliger une leçon exemplaire.

Cependant les heures s'écoulaient et on ne recevait pas de nouvelles.

L'anxiété était à son comble. — La milice, impatiente, demandait à marcher et on aurait eu toute les peines du monde à la contenir, si le salut de la ville n'avait pas rendu sa présence indispensable, car on n'avait aucun renseignement sur le nombre et sur les projets de l'ennemi.

Enfin, vers les 5 heures du soir, on entendit le son des clairons.

C'étaient les cavaliers du 4e Chasseurs d'Afrique qui faisaient leur rentrée avec l'air martial qui caractérisait ce régiment d'élite.

En serre-file, et marchant à leur pas, on remarquait un homme à cheval, vêtu d'un petit caban en laine blanche, la tête couverte d'un feutre gris à larges bords, et tenant à la main un yatagan ensanglanté.

Tout le monde le reconnaissait pour être un employé des Bâtiments civils : le nommé *Ducornois*, mais que faisait-il là ? — Telle était la question que chacun se posait. . . . . .

Ce petit corps de cavaliers franchit les portes de la ville au milieu des acclamations enthousiastes de la population, et se rendit au camp pour prendre le repas du soir et se reposer des fatigues de cette émouvante journée.

Hélas ! tous ceux qui étaient partis à la suite du colonel ne devaient pas répondre à l'appel de leurs noms.

. . . , ...

* * *

Ce ne fut qu'à la tombée de la nuit qu'on put apprendre les événements du jour.

Ainsi que nous l'avons déjà dit, le commandant supérieur s'était porté en avant avec quelques cavaliers du 4me Chasseurs d'Afrique. — Les autres devaient courir après lui pour le rejoindre, aussitôt qu'ils auraient pris leurs armes et bridé leurs chevaux.

Quand il se vit à la tête d'une cinquantaine d'hommes, tous anciens soldats déterminés, il se lança à la poursuite de l'ennemi avec toute la fougue de son tempérament.

De son côté, Bou-Maza n'était pas resté inactif.

Prévoyant qu'après son heureux coup de main, il serait l'objet d'une vigoureuse poursuite, il avait confié les bêtes dérobées à des pillards ayant l'habitude de ces sortes de captures, avec ordre de gagner la plaine et de disparaître au plus tôt.

Ensuite, pour protéger éventuellement leur fuite, il avait fait embusquer le reste de ses hommes dans un champ de figuiers qui existait derrière la Zaouïa.

Le colonel arriva sur eux comme la foudre !. . . .

Il fut accueilli par une fusillade qui fit tomber quelques cavaliers, et qui mit un peu de désordre dans sa petite troupe. — Les arabes en profitèrent pour l'attaquer de près : il y eut mêlée furieuse et combats corps à corps.

. . . .

Pendant ce temps un homme à cheval, portant le costume civil et ayant pour toute arme une canne légère, suivait d'un peu loin le colonel Mellinet et paraissait prendre un certain intérêt à ce qui se passait sous ses yeux.

C'était un nommé Ducornois, aucien maréchal-des-logis de Spahis, qui s'était retiré depuis peu du service militaire, après avoir payé sa dette de sang à la patrie, et qui occupait un emploi de comptable dans l'Administration des Bâtiments civils.

A la première alerte il était monté à cheval, avait franchi les portes de la ville et s'était lancé à la suite du colonel en simple amateur, qui tient à jouir d'un spectacle auquel il ne s'attendait pas.

Mais quand il s'aperçut que le colonel et ses cavaliers étaient tombés dans l'espèce d'embuscade, que leur avait tendue Bou-Maza, Ducornois ne fut plus le même homme.

Oubliant qu'il était sans armes, et n'écoutant que les sentiments généreux de son âme, il vola au secours de ses anciens compagnons de guerre et se précipita au milieu d'eux en leur criant : « courage, mes amis, courage ! — « Les cavaliers du camp me suivent au galop, tenez bon ! »

En disant ces mots, il se porte en avant. — Un arabe va tirer sur lui à bout portant, mais prompt comme l'éclair, il détourne avec sa canne le fusil qui part sans l'atteindre, saute à bas de son cheval, terrasse son adversaire, lui casse la tête avec son propre yatagan, et nanti de cette arme, se remet fièrement en selle.

Non content de ce premier succès, Ducornois se jette au plus épais de la bagarre, étend à ses pieds trois ou quatre arabes qui veulent l'arrêter dans son élan, et dégage deux chasseurs d'Afrique qui étaient sur le point de succomber sous le nombre.

Les arabes étonnés s'écartent pour éviter ses coups. — C'est un lion, disent-ils, qu'il faut laisser passer !...

. . . .

Cependant, la situation de la petite troupe était des plus compromises, lorsque l'arrivée d'une vingtaine de cavaliers en retard vint faire diversion et apporter un moment de répit.

Le colonel en profite pour dire à Ducornois :

— « Avez-vous un bon cheval ?

— « Bon ou mauvais, mon colonel, que faut-il faire ?

— « Partez à franc étrier. — Allez à la recherche de
« l'infanterie et amenez-la de suite. — Si elle tarde à venir,
« nous sommes écrasés. — Vous savez, vous avez huit
« chances contre vous sur dix. — Que Dieu vous protège !..

La mission, en effet, était des plus périlleuses. — Il s'agissait de sortir de ce guêpier, à la vue et sous le feu de l'ennemi : qu'allait-il arriver ?

Mais Ducornois était brave dans toute l'acception du mot. — C'était bien un digne enfant de cette France chevaleresque où se perpétue, de génération en génération, la graine de héros !...

Sans hésiter une seconde, sans répondre une parole, Ducornois s'allongea sur le cou de son cheval et partit comme un trait.

Quand les arabes s'aperçurent de cette manœuvre, ils en comprirent le but, et poussant des hurlements sauvages, ils dirigèrent tous leurs coups sur lui comme sur une cible. — Il essuya une fusillade insensée. — Les balles sifflaient à ses oreilles et labouraient le sol sous les pas de son cheval, mais ni l'homme ni le coursier ne furent atteints....

Arrivé hors de la portée des balles, Ducornois, faisant de nouveau face à l'ennemi, se dressa sur ses étriers de toute sa hauteur, poussa un long cri de triomphe et disparut derrière un monticule, donnant une fois de plus raison au poëte qui a dit :

> « *La mort évite qui l'affronte,*
> « *Mais elle frappe qui la fuit.*

. . . .

*
* *

Peu de minutes après, Ducornois rencontrait l'infanterie,

et la conduisait lui-même au pas de course sur le terrain du combat.

Sortie par la porte du fort de l'Est, elle s'était immédiatement dirigée du côté où les coups de fusil se faisaient entendre, mais ses préparatifs avaient demandé un certain temps.

Le colonel, qui brûlait du désir de se trouver en présence de l'ennemi, n'avait pas voulu subir toutes ces lenteurs. — Il avait pris les devants avec quelques cavaliers, s'était un peu trop engagé, sans calculer les conséquences qui pouvaient résulter de son attaque, et courait le danger d'être écrasé par l'ennemi.

Heureusement, l'infanterie, guidée par Ducornois, était arrivée assez tôt pour empêcher ce désastre.

A sa vue, les cavaliers reprirent courage et manifestèrent bruyamment leur joie. — L'un d'eux alla même jusqu'à prendre son clairon, et à sonner gaillardement, sans ordre de ses chefs, l'air si connu dans les Chasseurs d'Afrique : « Amis, la victoire est à nous ! . . . . »

L'officier qui commandait ne put s'empêcher de rire de cette heureuse inspiration et de lui crier joyeusement, au lieu de le punir : « Tu as de la chance de n'avoir pas fait de fausse note. Sans cela, je te fourrais au clou ! »

Et les balles sifflaient toujours . . . .

Quelle insouciante jeunesse ! Quels intrépides soldats ! . . .

L'arrivée de l'infanterie changea la face des choses. — Le colonel prit des dispositions conformes aux circonstances ; et, après une attaque très vigoureuse d'une part, et une résistance très opiniâtre de l'autre, les arabes furent délogés de leur position et obligés de se retirer.

Ils nous laissaient maîtres du champ de bataille, mais ils conservaient le butin qu'ils avaient enlevé. — C'était là, sans doute, le but principal de leur audacieuse entreprise, car on ne peut croire qu'ils eussent eu l'espoir de s'emparer, sans coup férir, d'une place aussi forte pour eux que celle de Mostaganem.

Après le combat, les blessés et les morts furent introduist

par la porte du fort de l'Est, pour ne pas effrayer la population.

La cavalerie rentra dans la ville, et l'infanterie campa dans les environs pour surveiller les mouvements de l'ennemi, et s'opposer à un retour offensif de sa part, dans le cas où il aurait la hardiesse de le tenter.

Ainsi se terminèrent les incidents dramatiques de la journée du 15 octobre 1845, incidents qui constituent pour la ville de Mostaganem, la page la plus glorieuse de son histoire.

Ils méritaient d'être sauvés de l'oubli et de figurer dans ses annales.

Ils apprendront à ceux qui viendront après nous, combien fut laborieuse la période de la conquête, et combien nous devons honorer la mémoire de ceux qui ont pris une part active à cette lutte si pénible et si brillante à la fois !

. . . .

*
* *

La moitié de la nuit fut consacrée aux réjouissances et à la satisfaction de voir que Bou-Maza avait été forcé de battre en retraite.

Les chants succédaient aux chants, les rires aux rires, les lazzis aux lazzis, l'allégresse éclairait tous les visages.

Le brave Ducornois, surtout, était fêté et acclamé par tout le monde. — Chacun s'extasiait à la vue de ce jeune homme aux traits féminins, aux yeux bleus et à la barbe blonde, si doux maintenant, et si terrible sur le champ de bataille !.....

Militaires et civils, gagnés par l'enthousiasme, étaient unanimes pour exalter sa bravoure et son dévouement. — Jouer sa vie pour le salut de ses anciens frères d'armes, disaient-ils en chœur, c'est grand, c'est généreux ! — Il était le héros de la journée, et bientôt l'étoile de l'honneur brillerait sur sa poitrine ! ! ! ...

. . . .

Le lendemain, 16 octobre, fut au contraire un jour de deuil pour tous les habitants, et une sombre tristesse s'était répandue sur la cité : il s'agissait d'enterrer les morts.

17 cadavres étaient étendus sur les dalles de l'amphithéâtre.

Ils étaient là, rigides et glacés, tous frappés par devant ces jeunes hommes dont le plus âgé ne comptait pas 30 ans !...

La veille encore, pleins de force et de vie, ils se berçaient de la douce espérance de rentrer sous peu dans leurs foyers, d'embrasser leurs vieux parents, de revoir leurs amis, de retrouver leurs anciennes affections.... — Hélas ! Qui aurait pu leur faire penser le contraire, puisqu'ils étaient libérables dans moins de trois mois, et qu'on les avait dispensés de partir avec la colonne d'expédition ?...

Par un sentiment de bienveillante sollicitude, qui fait le plus grand honneur à sa mémoire, le général de Bourjolly, en effet, les avait laissés à la garde de la ville et à l'instruction des recrues. — Il voulait ainsi leur éviter les hasards des derniers combats, et leur permettre de rentrer sains et saufs dans la chère patrie.

Vaines précautions, soins inutiles ! La fatalité, plus forte que les desseins des hommes, en avait décidé autrement.

La mort, l'inexorable mort, les avait désignés d'avance, et par une amère ironie de la destinée, ce qui devait faire leur sûreté avait occasionné leur perte.

Qui sait ? Partis en colonne, peut-être auraient-ils échappé aux dangers de la guerre, tandis que restés en garnison, ils y avaient trouvé un trépas d'autant plus cruel qu'il était plus inattendu !...

Mais, aussi, qui aurait pu prévoir que Bou-Maza oserait un jour attaquer Mostaganem, et enlever son troupeau sous le canon du fort de l'Est ?...

Ce sont de ces coups du sort qui déjouent toutes les prévisions, et qui témoignent que rien ne prévaut contre les arrêts immuables qui dirigent les évènements humains !..

La guerre a toujours été et sera toujours une terrible chose.

C'est en vain que des philanthropes et des idéologues chercheront à prouver aux hommes qu'il faudrait y renoncer, et qu'ils devraient concentrer toutes leurs pensées vers le bien-être de l'humanité.

Ce sont de respectables illusions et de douces chimères, mais rien que des illusions et rien que des chimères!...

Comment empêcher les ambitieux de chercher à augmenter l'étendue de leurs domaines, et d'élargir leurs frontières, quand deux voisins ne peuvent vivre d'accord et se disputent un misérable lopin de terre!

Non! La guerre a été de tous les temps, depuis les premiers âges jusqu'à nos jours et elle existera tant que *la force primera le droit,* c'est-à-dire jusqu'à la consommation des siècles!...

« C'est un mal nécessaire a dit le « Prussien de Moltke, «et qu'il faut subir comme étant « inhérent à notre nature. »

Mais que de désolations elle laisse après elle, que de tristesses, que de larmes!...

Après l'énivrement de la lutte, après les joies du triomphe, la réalité apparait dans toute son horreur!...

Ces réflexions, aussi vraies que désolantes, étaient dans la bouche de tous les habitants de Mostaganem, qui, dans la journée du 16 octobre 1845, accompagnèrent à leur dernière demeure les victimes infortunées du combat de la veille....

La cérémonie des funérailles fut aussi imposante qu'elle pouvait l'être à cette époque tourmentée.

Les dix-sept cercueils qui renfermaient les restes de ces braves étaient portés à bras par leurs camarades qui, tour à tour, se faisaient un honneur de prêter leur concours fraternel.

Devant, et précédé de la croix, symbole de la souffrance et des afflictions, marchait le prêtre disant l'office des morts.

Derrière, et formant cortège, suivaient les autorités

militaires et civiles, les soldats de la garnison et toute la population Française et Etrangère.

On se rendit ainsi au champ du repos, où les cercueils furent descendus dans une vaste fosse, et rangés à côté les uns des autres avec un recueillement solennel.

Alors des paroles touchantes, mais en même temps généreuses et viriles, furent prononcées par le Commandant supérieur. — Il exalta le courage et le dévouement de ces martyrs du devoir ; — il les donna comme exemple à leurs compagnons d'armes, et termina en disant que la mort du champ de bataille était la mort la plus désirable pour un soldat... la mort que Dieu réserve à ses élus !...

Tous les assistants furent remués jusqu'au fond de l'être par ces mâles accents.

Partant de la bouche d'un homme qui la veille avait combattu à côté d'eux, et couru les mêmes dangers, les grands mots de courage, de dévouement et de devoir avaient trouvé des échos dans toutes les âmes !....

Tout le monde se retira profondément ému...... profondément attristé !.....

Et depuis, le silence s'est fait peu à peu autour de leur tombe oubliée, et rien n'est venu rappeler aux survivants le souvenir de ce trépas glorieux.....

Le temps a marché, entraînant avec lui jusqu'à la mémoire de cet évènement, qui est le plus remarquable de l'histoire de notre ville, et personne ne sait plus aujourd'hui — à part quelques rares anciens, — que 17 braves jeunes gens sont tombés, presque sous nos remparts, pour la défense de nos foyers et pour la France !.....

. . . .

Et pas une inscription n'est là... par une pierre n'est là... pas un signe n'est là, pour raconter à la génération actuelle l'épisode si émouvant de de cette triste et sanglante moisson de la mort, pendant la journée du 15 octobre 1845 !!!............ ....

. . . .

*
* *

ÉPILOGUE

Bou-Maza ne devait plus reparaître devant Mostaganem...

Il allait bientôt se trouver en face d'un adversaire qui lui laisserait trop peu de loisirs pour lui permettre de recommencer un pareil coup d'audace.

. . . .

Déjà on annonçait que le Maréchal Bugeaud, de retour de France avec un renfort de 12,000 hommes, avait débarqué à Alger, et que de là, il se dirigeait à marches rapides sur le théâtre de la guerre.

C'est ce qui arriva en effet.

A peine débarqué, le Maréchal Bugeaud organisa une forte colonne et s'achemina vers la province d'Oran, en passant par Blidah, Médéah, Miliana, Téniet-el-Haâd, Aïn-Tekaria etc., etc. . . . .

Rude campagne s'il en fut jamais, et qui marque une des époques les plus pénibles, les plus fatigantes, les plus difficiles de la glorieuse épopée militaire qui nous a valu la conquête définitive de l'Algérie ! . . . .

Nos malheureux soldats, sans cesse assaillis par un ennemi acharné, tantôt embusqué derrière des plis de terrains, des rochers, ou des broussailles, — tantôt suspendu aux crêtes des montagnes, — tantôt rampant dans le fond des ravins comme les bêtes fauves, — nos soldats, disons-nous, succombaient sans gloire frappés par des mains invisibles.

« Notre ennemi, écrivait le Maréchal, fuit constamment
« devant nous et constamment il refuse le combat ; il
« s'échappe comme un renard par les passages les plus
« étroits et des rochers presque inaccessibles. »

La guerre aurait longtemps duré dans des conditions aussi désavantageuses pour nous, mais le Maréchal Bugeaud qui avait à cœur d'anéantir cette insurrection pour se livrer à ses projets de colonisation, employa un moyen efficace.

Appropriant sa tactique à la nature du pays où il opérait, et aux habitudes de l'ennemi qu'il avait à combattre, il augmenta le nombre de ses colonnes mobiles, de manière à le cerner de toutes parts, à le traquer dans tous ses repaires, et à le réduire à l'impuissance.

Ce système, appliqué avec la plus grande énergie, amena peu à peu la soumission des insurgés et la pacification du pays.

Bou-Maza, lui-même, poursuivi sans relâche l'épée dans les reins, se voyant à bout de ressources et craignant, d'une autre part, de tomber dans les pièges de l'Emir Abdelkader, qui avait pris ombrage de son influence, finit par se rendre au colonel St-Arnaud.

Telle fut la fin politique de ce grand Agitateur, qui nous causa tant de soucis et de fatigues, et amena la perte de tant de braves soldats..... et de tant de millions.......

. . . .

*
* *

Bien des années se sont écoulées depuis cette époque !...

Pendant ce laps de temps, Mostaganem a subi diverses périodes de succès et de revers.

D'abord, grâce à l'impulsion puissante qui lui avait été donnée par le maréchal Bugeaud, pendant plusieurs années, et grâce aussi à la nombreuse garnison qui lui avait été laissée pour contenir les tribus dans l'obéissance, elle était devenue rapidement une ville importante.

Elle embrassait dans son rayon commercial les plaines du Chéliff, de la Mina, de l'Hillil et de l'Habra. — C'était le point central où venaient aboutir tous les produits de ces plaines fertiles, et où convergeaient tous les intérêts de cette riche contrée.

Ce fut l'époque de sa plus grande splendeur, — l'époque où elle comptait cinquante maisons de commerce ou de commission, — l'époque où sa rade voyait ancrés dans ses eaux jusqu'à 25 navires à la fois....

Comment s'éteignit peu à peu cette prospérité jusqu'alors. toujours croissante?

Hélas ! les causes en furent nombreuses, et peut-être les dirons-nous un jour, en signalant l'impéritie, le mauvais vouloir et l'imprévoyance de ceux qui présidèrent à ses destinées.

Pour aujourd'hui, nous nous bornerons à dire que la création du chemin de fer Grand-Central, entre Alger et Oran, fut la première cause de sa déchéance, en détournant au profit de ces deux capitales toutes les richesses qui, auparavant, n'avaient pas d'autre débouché que la ville de Mostaganem.

Puis, vinrent les 3 années néfastes, et à jamais maudites, qui nous amenèrent successivement les sauterelles, la famine, le choléra et le typhus.....

Et pendant ces années de désolation et de misère, notre cité jadis si florissante, se mit à décliner de jour en jour...

Elle paraissait atteinte de langueur et de marasme ; — elle dépérissait presque à vue d'œil ; — ses habitants découragés vendaient leurs immeubles pour des prix dérisoires ; — sa ruine semblait inévitable....

. . . .

Les villages seuls et la culture parvinrent à la sauver !...

Privés de leur courant commercial, frappés dans leurs intérêts les plus chers, les habitants tournèrent leurs regards vers l'agriculture, cette mère féconde, si honorable et si honorée....

Ils prirent en mains la bêche et la charrue et se mirent courageusement à ce travail pénible et gigantesque *de la transformation du sol*, qui fera la gloire éternelle des colons Algériens !....

On les vit alors arracher les broussailles, déraciner les palmiers nains, défoncer et ameublir les terres...

On les vit fouiller les entrailles de la terre pour en faire jaillir des sources... On les vit creuser des puits et des canaux, établir des norias, construire des barrages et répandre dans ces champs, *avant nous stériles*, la fécondité et l'abondance !....

On les vit enfin préparer ces plantations magnifiques qui ravissent les yeux, et créer ces admirables vignobles qui apportent partout la richesse et la vie....

Tels sont les travaux accomplis, tels sont les résultats obtenus par nos concitoyens !....

Ils attestent la vigueur physique et morale, ainsi que la persévérance de ces intrépides pionniers de la colonisation...

Ils ont fait une œuvre grande et glorieuse, qui remplit d'admiration les étrangers, qui a classé notre centre agricole parmi les premiers de l'Algérie, et valu à notre charmante cité le beau surnom qu'elle gardera à jamais : *la perle de la Mina et du Chéliff !....*

. . . .

*
* *

Nous, qui écrivons ces lignes, et qui, par la nature de nos fonctions, avons été pendant plus de 30 ans en contact journalier avec ces hommes énergiques ; — nous qui les avons suivis avec sollicitude dans leurs travaux, dans leurs découragements et dans leurs espérances ; — nous qui les avons aidés de nos conseils, ainsi que de notre influence auprès de ceux qui pouvaient les protéger et améliorer leur sort ; — nous avons vu toutes ces choses se dérouler sous nos yeux, et c'est parce que nous les avons vues que nous avons le *droit* d'en porter publiquement témoignage.

Et si nous en portons témoignage, c'est pour réagir dans la mesure de nos forces contre cet esprit de dénigrement inexplicable, dont nous sommes victimes de la part de certains Français de la Métropole...

Ils savent à peine que l'Algérie est située de l'autre côté de la Méditerranée, en face de Marseille, et ils voudraient prendre la direction de nos affaires !....

Ils ne connaissent rien des Arabes, ni le tempérament, ni le caractère, ni les mœurs, ni les coutumes, et ils voudraient leur imposer leurs idées absurdes et contraires à leurs propres intérêts !...

Les imprudents ! Ils joueraient d'un cœur léger avec les passions sauvages et terribles d'un peuple fanatique, sans songer que les flammes qui ont dévoré le centre de Palestro ne sont pas tellement éteintes, qu'elles ne puissent se rallumer et porter dans nos villages la destruction et la mort !...

Mais que leur importe !

Pour attirer l'attention publique sur leurs noms inconnus, que ne feraient-ils pas ?

Si Erostrate, pour illustrer son nom, a brûlé le temple d'Ephèse, l'une des sept merveilles du monde, pourquoi, à leur tour, et par imitation de cet acte de suprême folie, ne feraient-ils pas renaître la guerre et ses ravages ?... Pourquoi, comme le disait naguère un éminent Algérien dans des circonstances analogues « n'ouvriraient-ils pas « les *outres d'Eole* et ne déchaîneraient-ils pas de nouveau « les vents et les tempêtes : »

« *Luctantes ventos, tempestatesque sonoras* »?...

Mais en voilà assez sur ce sujet irritant, et passons !...

. . . .

* *

Aujourd'hui, la ville de Mostaganem est entrée dans une ère de prospérité qui, nous l'espérons, ne fera que s'accroître.

Son chemin de fer, — dû à l'*initiative persévérante de quelques citoyens* aussi modestes que dévoués, dont nous publierons un jour les noms, — fonctionne depuis quelque temps, et a rompu l'impasse dans laquelle elle était tristement acculée.

Son port, dont la construction est confiée à un homme dont l'activité est infatigable, ne tardera pas à abriter des vapeurs d'un fort tonnage.

Tout semble donc lui assurer désormais une existence propre, et nous n'apercevons aucun point noir à l'horizon, à moins que des évènements impévus ne viennent troubler notre félicité.

Dans des conditions aussi favorables, tranquilles sur le présent et pleins de confiance dans l'avenir, le moment n'est-il pas venu de jeter nos regards vers le passé, d'examiner nos œuvres et de sonder notre conscience?...

Livrons-nous ensemble à ce travail et demandons-nous, la main sur le cœur, si nous avons rempli les devoirs que nous imposait ce sentiment si élevé qu'on nomme la RECONNAISSANCE, et que les âmes vulgaires et vénales ne connaîtront jamais?

Avons-nous songé quelquefois à ceux qui se sont sacrifiés pour nous, et qui nous ont mis dans les mains les éléments de tant de richesses?

Avons-nous élevé le plus petit monument commémoratif à la mémoire de ceux qui sont morts loin de leurs familles, loin de leurs amis d'enfance, loin de leurs affections, en nous léguant la possession du sol et par suite le bien-être?......

Non! malheureusement non!!

Eh bien! cet oubli regrettable, il faut le réparer, et le réparer au plus vite.

Depuis quelque temps, un élan irrésistible entraîne la France à élever des monuments funèbres, dans tous les lieux où sont tombés les nobles et glorieux martyrs de *l'année terrible*... année inoubliable qui nous a fait connaître les jours sombres de la défaite et toutes les douleurs de l'invasion!!!...

. . . .

Elle tient à glorifier, comme ils le méritent, ceux de ses enfants qui ont trouvé la mort sur les champs de batailles, victimes de leur dévouement au devoir et de leur patriotisme!...

* *
*

En Algérie, on n'a pas tardé à suivre cet exemple touchant.

Ainsi, Oran s'apprête à élever sur sa plus belle place le monument grandiose, qui doit rappeler aux générations futures l'admirable fait d'armes de *Sidi-Brahim*, et devenir en même temps le *Monument de Glorification* de notre vaillante armée d'Afrique, depuis la prise d'Alger jusqu'à nos jours !...

A côté de nous, Bel-Abbès, notre sœur *cadette,* — puisqu'elle était encore au berceau que Mostaganem était déjà une grande et jolie fille, — se dispose à célébrer d'une manière digne d'elle la mémoire de ses braves Légionnaires.

En Tunisie même, — simple terre de Protectorat, — nos compatriotes ont construit de superbes mausolées à Sousse, à Kairouan, à Gabès, en souvenir de ceux qui sont morts pour l'honneur de notre drapeau.

Partout, enfin, le patriotisme se réveille et se manifeste d'une manière éclatante, et nous, habitants de Mostaganem, nous resterions en dehors de ce mouvement régénérateur ! ..

Non ! nous ne commettrons pas cette *noire ingratitude* !!!

Dans notre ancien cimetière, on voit encore les tombes du Lieutenant-Colonel Berthier du 4ᵐᵉ Chasseurs d'Afrique, et du Commandant Clère du 9ᵐᵉ Chasseurs d'Orléans, tués sur le champ de bataille au combat de Tifour. — Dans le même lieu reposent aussi les restes des 17 Sous-Officiers et Soldats tombés presque sous nos murs, derrière la Zaouïa !...

Bientôt, au plus dans 5 ou 6 années, ce terrain sera vendu aux enchères publiques et livré à l'industrie privée.

Que deviendront alors les cendres de ces héros ? —...
Seront-elles jetées à tous les vents ?...

. . . .

Avant que cette profanation s'accomplisse, tout nous impose l'impérieux devoir de les rechercher avec le plus grand soin, de les recueillir pieusement et de leur assurer une sépulture honorable...

Elles en tressailliront de gratitude, car ainsi que l'a dit notre grand poète Victor Hugo :

« *Les morts sont les invisibles, mais ils ne sont pas*
« *les absents.* »

. . . .

*
* *

C'est à la réparation de cet oubli que nous venons convier
tous nos concitoyens et notre voix sera certainement écoutée.

Elle le sera, comme elle l'a été pour le monument de
Sidi-Brahim, comme elle le sera chaque fois que nous leur
parlerons d'honneur et de patrie !... chaque fois que nous
leur dirons qu'il est beau, qu'il est grand, qu'il est digne
de perpétuer la mémoire de ceux qui sont morts glorieusement pour nous !

Or, quelle heure plus propice pour la faire entendre, cette
voix, que celle où les nombreux étrangers, venus pour
admirer nos progrès, seront les témoins des nobles sentiments
dont nous sommes animés !

Quelle gloire et quel triomphe pour nous, non seulement
dans toute l'Algérie, mais aussi dans toute la France, et
partout où battent dans les poitrines des cœurs grands et
généreux !....

. . . .

Que faudra-t-il donc faire pour honorer ces héros mois-
sonnés dans leur fleur ?

Accorder à leur restes glorieux une concession perpétuelle
dans le nouveau champ du repos, et leur élever un mausolée
durable et artistique qui fasse connaître que ceux qui dor-
ment là de leur dernier sommeil, ont vaillamment succombé
pour la défense de nos biens et de nos personnes.

Ce mausolée sera l'image de l'héroïsme et du dévouement.
Nous le léguerons à notre brave jeunesse militaire et civile,
et c'est là qu'amenée par une même pensée d'admiration
et de reconnaissance, elle se réunira chaque année pour
s'inspirer des nobles exemples que lui rappellera la vue de
ce monument.

Il sera aussi pour elle le monument du souvenir....

Il importe, en effet, que la nouvelle génération n'oublie jamais ce passé de lutte, de défense pied à pied, d'héroïsme, d'abnégation et de persévérance, si elle veut conserver à la mère-patrie cette belle et riche contrée qui a tant coûté à conquérir !..........................

Aussi, nous en avons la ferme espérance, notre appel sera entendu, le terrain sera concédé et le mausolée sera construit.....

Il ne saurait en être autrement et nous n'oserions jamais admettre que dans une ville, si renommée par son ardent patriotisme, on aurait le triste courage de refuser le don d'un coin de terre aux cendres de *ceux qui ont payé de leur vie* tant de milliers et de milliers d'hectares, que nous cultivons aujourd'hui en toute sécurité !...

... .

Et vous, anciens militaires de tous grades qui avez établi vos pénates dans notre ville hospitalière, — vous les dignes successeurs de l'héroïque phalange qui a doté la France de sa plus belle colonie, — réjouissez-vous dans le fond de vos âmes : vos vœux seront comblés ! — Le souvenir de ceux qui vous ont précédés dans la noble carrière de courage, de sacrifice et d'abnégation, qui a produit tant de héros, sera religieusement conservé et transmis à la postérité.

Vous pourrez avant longtemps saluer leur tombeau et leur exprimer vos sentiments de touchante confraternité, car bientôt une plaque de marbre, scellée dans une colonne de granit, contiendra ces mots écrits en lettres d'or :

« Au lieutenant-colonel BERTHIER du 4ᵐᵉ Chasseurs
« d'Afrique.

« Au Commandant CLÈRE du 9ᵐᵉ bataillon des Chasseurs
« d'Orléans.

« Et à tous les braves Officiers, Sous-Officiers et Soldats
« qui sont morts pour la défense de Mostaganem.

« Honneur, gloire et repos ! »

*
* *

L.-E. COURSERANT

Mostaganem, Avril 1892

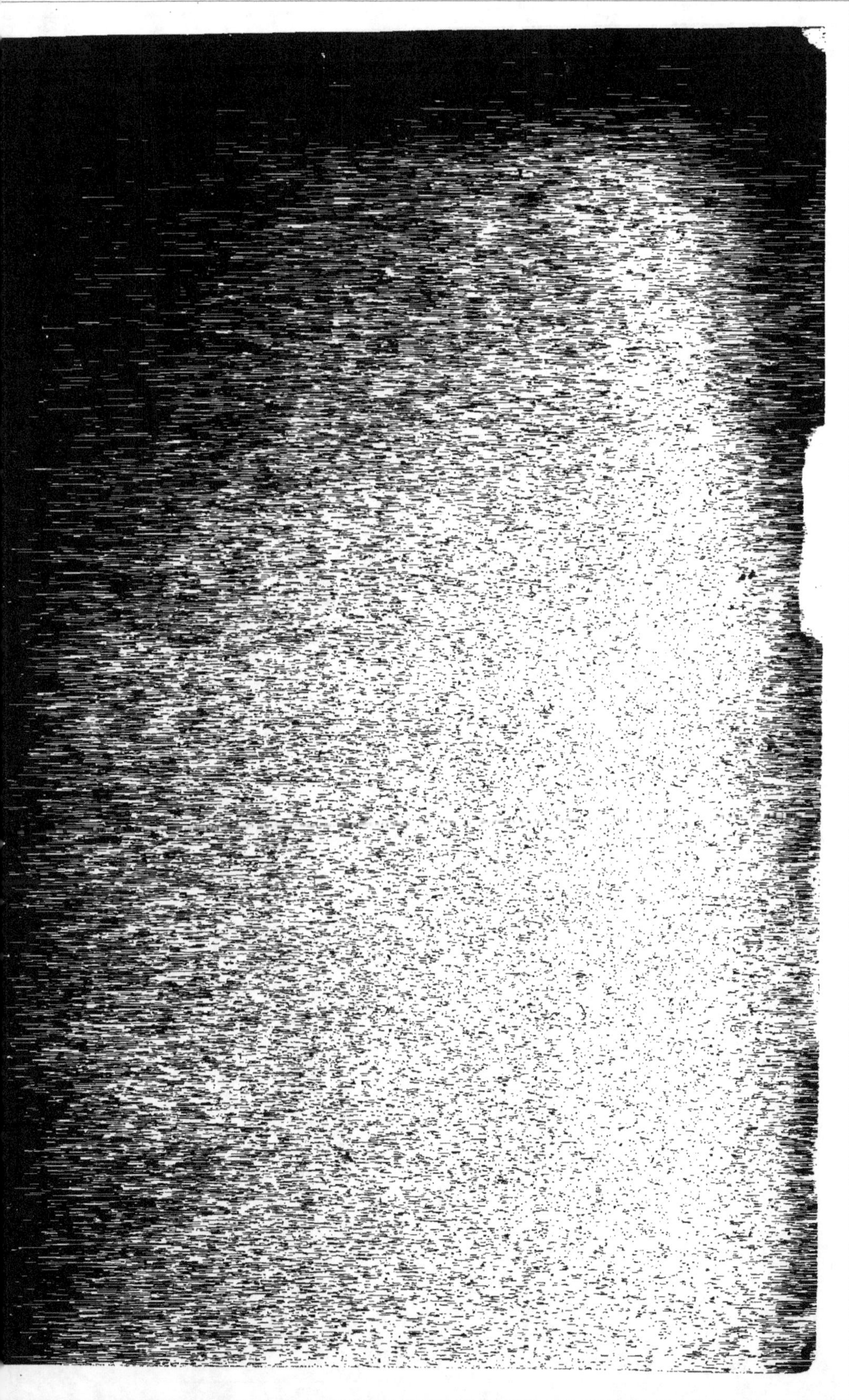

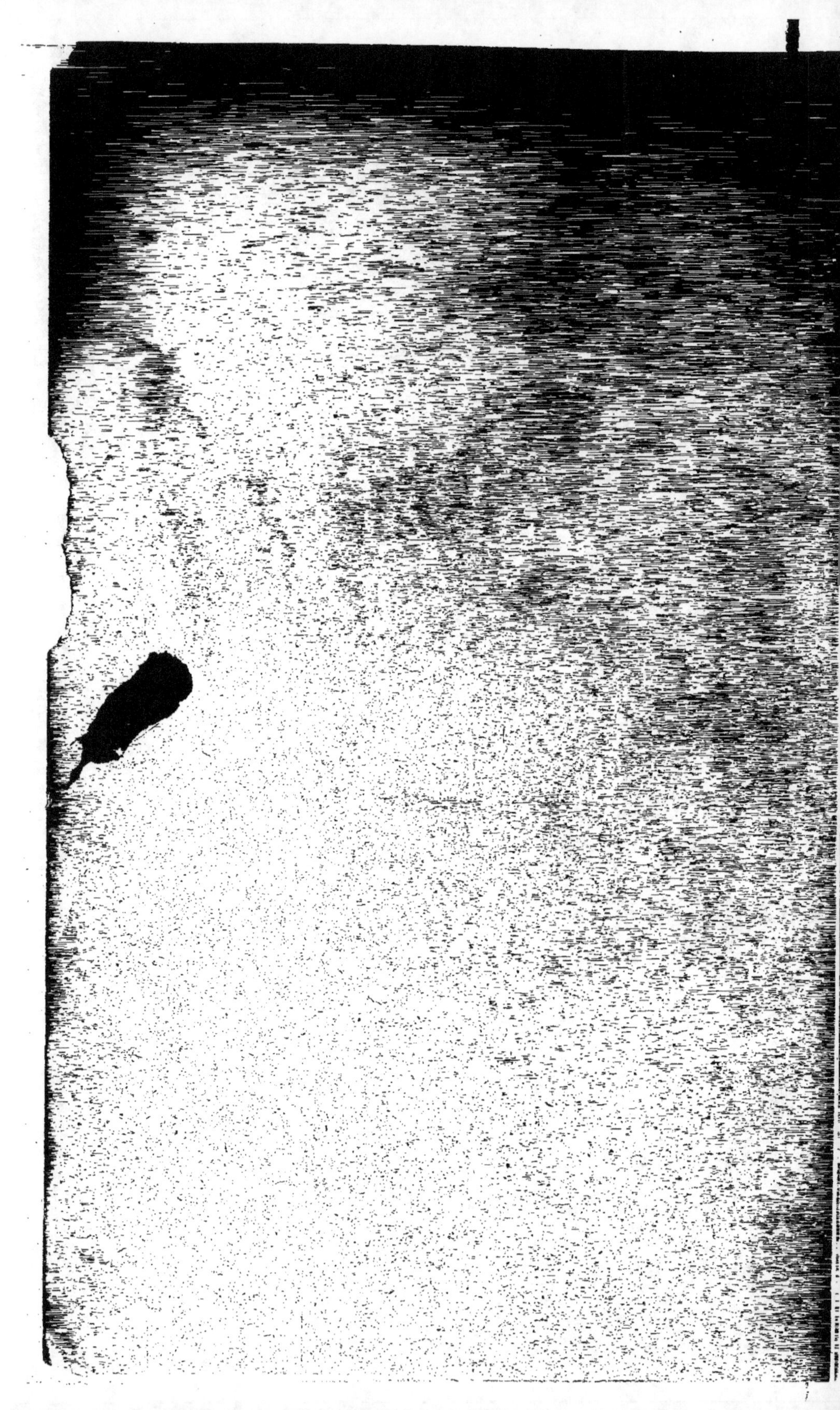

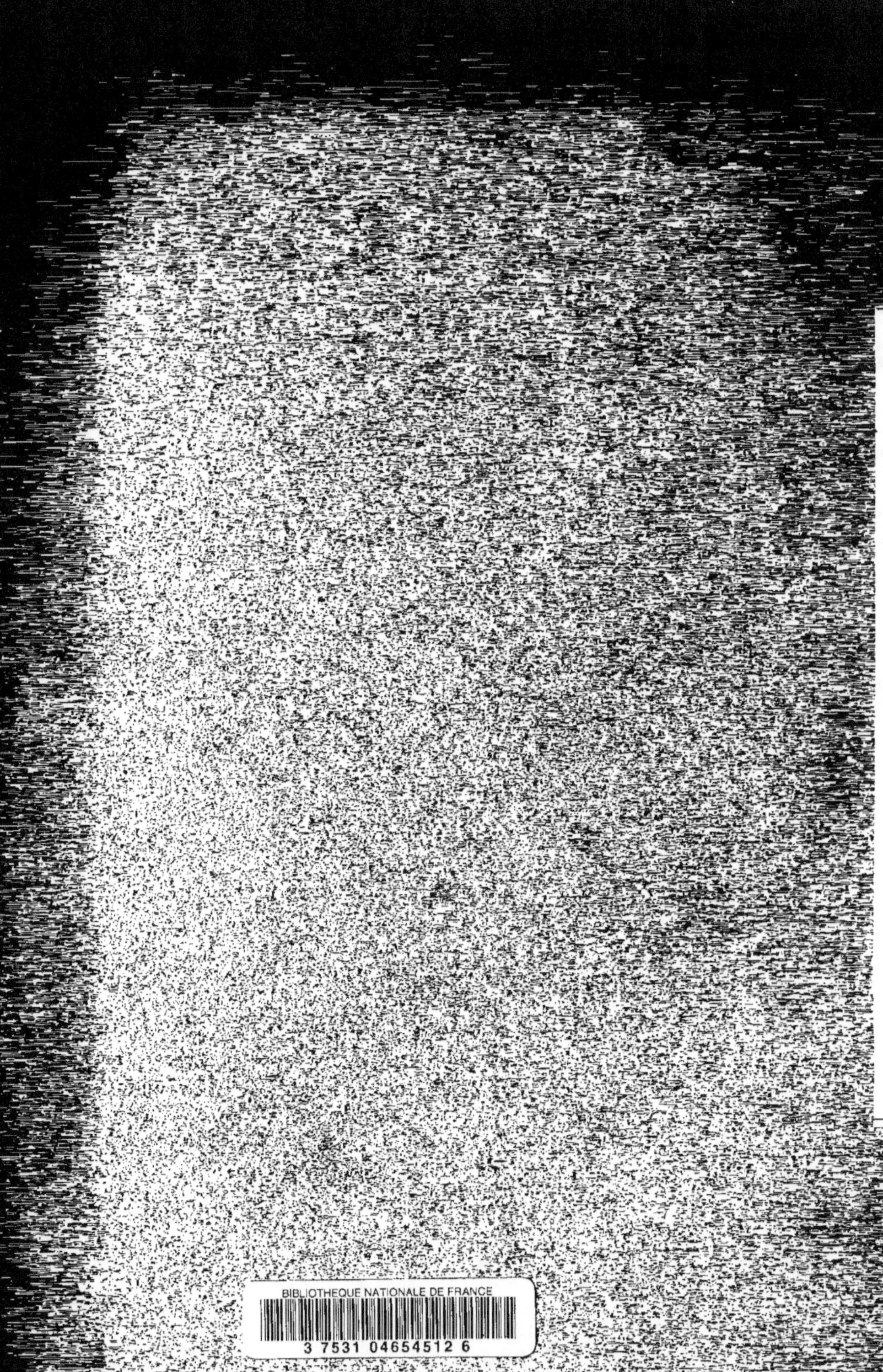